काव्यांगन

श्रीमती विभा नागसेन अंबादे

Made with ❤ on the Notion Press Platform
www.notionpress.com

क्रम-सूची

आभार

पुस्तक के विकास में सहयोग के लिए हमारे पति- नागसेन अंबादे (शिक्षक) माता- पिता , हमारे भाई और निधान सर से सहयोग और हिम्मत मिली. हम इन सबका आभार व्यक्त करते हैं जिन्होंने हर संभव सहयोग हमे दिया।

प्रेरणा

रचनायें लिखने के लिए हमे समाज में जो घटित हो रहा हैं ।
उसे देख खुद के अनुभव से और गुलज़ार जी की रचनायें पढ़कर
हमे रचनायें लिखनेकी प्रेरणा मिली ।

आधारित रचनायें

समाज में जो घटित हो रहा हैं वो हमने खुद के अनुभव से रचनाओं में लिखने का प्रयास किया हैं । जिसे पढ़ हर किसिको जीने के लिए नई दिशा मिल सके ।इसमें से कुछ रचनायें दोस्ती पर ,तो कुछ पेड़ पौधों पर आधारित हैं। जैसे-

1)सत्ता

2) छुआँछुत

3)भ्रूण हत्या, नन्हीं कली की व्यथा

4)नीला अंबर

5) निरक्षरता

6)घमंड

7)पेड़ की कहानी

8)माँ-बाप

9)सुन ये मित्र

10)भूली-बिसरी यादें

11)नारी एक बलिदान

12)जगहं

13)वृद्धाश्रम

14)बचपन अभी गया नहीं

15)मुझको अकेला छोड़ गया

लेखक के बारे में

नाम-श्रीमती विभा नागसेन अंबादे

पत्ता-ओम साईं पार्क अपार्टमेंट, बी विंग,फ्लैट नम्बर 104, नांदिवली, कल्याण(पूर्व),जिला-ठाणे, महाराष्ट्र

शिक्षण-बी.ए. बी. एड., एम. एड.(शिक्षण)

संपादक के बारे में

DR. SUNIL PATIL

नाम:- डॉ. सुनील पाटिल

जन्म:- नीमच (मध्यप्रदेश)

मात्रभाषा: - मराठी

शिक्षा:- एम. ए. (हिंदी), एम.फिल. (हिंदी), बी.ए. (हिंदी), पीएच.डी. (हिंदी)

तकनीकी शिक्षा: अनुवाद एवं पत्रकारिता में स्नातकोत्तर डिप्लोमा

संप्रति: हिंदी प्रवक्ता, द्वारकादास गोवर्धनदास वैष्णव कॉलेज (सायं) , चेन्नई -600106.

भाषाओं का ज्ञान:- हिंदी, हिंदी,तमिल,अंग्रेजी

सम्मान:3

• वर्ष 2016 लायंस क्लब इंटरनेशनल पेरिमेड द्वारा बेस्ट टीचर अवार्ड प्राप्त ।

विलक्षाणा एक सार्थक पहल समिति अजायब (हरियाणा) द्वारा विलक्षणा शोध रतन सम्मान -2021

विलक्षाणा एक सार्थक पहल समिति अजायब (हरियाणा) द्वारा आचार्य चाणक्य सम्मान-2021

● बोहल शोध मज्जूषा द्वारा इन्टरनेशनल टीचर्स प्राइड अवार्ड 2021

• एम.ए. (हिंदी) स्वर्ण पदक प्राप्त (उब शिक्षा और शोध संस्थान, दक्षिण भारत हिन्दी प्रचार सभा की चारों शाखाओं में प्रथम)

• राष्ट्रीय एवं अन्तर्राष्ट्रीय पत्र-पत्रिकाओं में शोधलेख प्रकाशित

ई-मेल : sunilpatil7969@gmail.com

1. ?सत्ता ।?

सत्ता की नाम पर ,मर रहा इंन्सान है ।

नोटो की गद्द्दीपर,बिक रहा ईमान है ।

वोट भी बिकता एक दारू की बोतल पर ।

रास्तों के खड़्डों पर, अब कहाँ जान बाकी है ।

दंगा ,तो बस बहाना है,वोटों के पहरेदारों का ।

मरने वाले को,कौन पूछता ?ये तो खेल है सब,धर्म के
ठेकेदारों का।

कितनों को तोड़ा जाता,जाने कितनों को मारा जाता ।

भगवान के नाम पर,जाने कितनों को ,कुचला जाता।

चोर उच्चको ने,बेहिसाब है लुटा, देश के बागबॉन को।

माटी भी गिरवीं रख दी है,बेच दिया इंन्सान को ।

नंगे बदन,भूखाँ मर रहा,इंन्सान है ,पर

रोटी भी, नहीं मिलती, तिजोरी की गोदान से ।

देश भी तेरा,अधिकार भी तेरा ,सोच ये माटी के पुतले

अब कहा देश, बाकी है।?

(विभा नागसेन अंबादे)

2. ?भ्रूण हत्या, नन्हीं कली की व्यथा ।?

माँ,
मैं तो तेरे भीतर हु,तेरे हाथों में,
मेरे साँसों की डोर।
तू मेरी हैं कागज़ की कस्ती,
मैं तेरा हु बहता झरना ।
तुही बन जा ढाल मेरी,
मैं तेरी झाँसी की राणी ।
यूँ ना छाँटो माँ अपनी डॉल ,
मैं भी तो हु तेरा हिस्सा ।
मेरा कोई दोष नहीं, की मैं हूं,
तेरे डॉली का फूल ।
मैं भी हु खिली-खिली,
अब ऊपर आने की ओर ।
तू भी तो एक नारी हैं ,
दों घर की राणी हैं ।
मैं हु तेरी नन्हीं परी,
यू साँसों पे पेहरा ना दे ।
तूने ना समझा मुझकों,
फिर मुझकों समझेगा कौन?
तेरी डॉली को तुही काँटे,

फिर औरों को रोकेगा कौन ।☜ा?
(विभा नागसेन अंबादे)

2. ✍? छुआँछुंत ।✍?

इतना भी क्या छुआँछुंत हैं,
चप्पल से ,पानी पीना पड़े ।
स्कूल ,खलियानों में ,
अंतर ऱखकर बैठना पड़े ।
पानी भी क्या इ तना महँगा,
जान गवानी पड़ती हैं ।
मंदिर के अंदर पैर रखें तो,
कूट-कूट मार ,खानी पड़ती हैं।
छुआँछुंत हैं बड़ी विषमता,
इसमें कितनों के मन जलते हैं ।
कभ जाके ये समझेगा तू ,
इस्से ,सारे रोग पनपते हैं ।
छुआँछुंत जभ मन को तोड़े,
आतंकवाद पनपता हैं ।
तेरे हाथों से फिर,
तेरा ही जनाज़ा निकलता हैं ।
धर्म नहीं कोई छोटा,
मन ही काले है लोगों के ।
कौन भगवान कहता हैं,
छुआँछुंत हैं मेरी आँन ।
छुआँछुंत हैं बड़ी समस्या,
तनमन सारा रोता हैं ।

श्रीमती विभा नागसेन अंबादे

तू भी मेरा, मैं भी तेरा,
फिर क्यों ऐसा होता हैं ।
(विभा नागसेन अंबादे)

3. ?भ्रूण हत्या, नन्हीं कली की व्यथा ।?

माँ,
मैं तो तेरे भीतर हु,तेरे हाथों में,
मेरे साँसों की डोर।
तू मेरी हैं कागज़ की कस्ती,
मैं तेरा हु बहता झरना ।
तुही बन जा ढ़ाल मेरी,
मैं तेरी झाँसी की राणी ।
यूँ ना छाँटो माँ अपनी डॉल ,
मैं भी तो हु तेरा हिस्सा ।
मेरा कोई दोष नहीं, की मैं हूं,
तेरे डॉली का फूल ।
मैं भी हु खिली-खिली,
अब ऊपर आने की ओर ।
तू भी तो एक नारी हैं ,
दों घर की राणी हैं ।
मैं हु तेरी नन्हीं परी,
यू साँसों पे पेहरा ना दे ।
तूने ना समझा मुझकों,
फिर मुझकों समझेगा कौन?
तेरी डॉली को तुही काँटे,

श्रीमती विभा नागसेन अंबादे

फिर औरों को रोंकेगा कौन ।≈?
(विभा नागसेन अंबादे)

5.  नीला अंबर |

ऐ-सुर्ख़-नीले-अंबर, मैं तेरा क़ायल तो नहीं।

तेरे चाँदनी को देख, मैं यू घायल तो नहीं ।

तेरे रोशनी में, सुर्ख़ हवाओं सा नाचूँ ।

कही मैं वो, बादल तो नहीं ।

तेरे सुर्ख़ निगाहों से, ख़ुद को भीगादू ।

कहि मैं तेरे प्यार में यू, पागल तो नहीं।

एक-एक करके, तुझमें समां जाऊँ ।

कहि मैं वो ,बारिश तो नहीं ।

तुझकों चीरते-चीरते, तेरे घर में पोहच जाऊँ।

कहि मैं वो उड़ता, पंछी तो नहीं।

चाँदनी बिखरीं ,पड़ी हैं तुझमें ये देख,

कहि मैं वो,जलता हुआ चाँद तो नहीं।

चाँदनी रात में, 'आब' के साथ से मुझकों छु लिया ।

कहि मैं वो, खिलता हुआ कमल तो नहीं ।

(विभा नागसेन अंबादे)

6. ✍? निरक्षरता । ✍?

निरक्षर बने बैठे हो,
चमळी को भी कर्जदार
बनाये बैठे हो ।
आशा है, उम्मीद भी है,
फिर मरण-तक की गुलामी क्यू?
अंगूठे की छाप पर,
जनम-भर की कुर्बानी क्यू ?
कब तक ख़ुदको लूटोगे,
शिर को भी पैरोतले रौंदोंगे ।
तुम तो भोग भोगोंगे,
लड़के को भी नहीं छोड़ोगे ।
ब्याज का कोई हिसाब नहीं,
नरक नहीं-और पाताल नहीं।
कब तक भय मे जीओगे,
कब तक ख़ुदको मारोगे ।
साँझ की रोटी का भी ठिकाना नहीं,
दस्तावेज भी ज़मीदार के नाम किया।
इस जनम तो ठोकर खा ही रहे,
उस जनम भी काँटे बोओगे ।
ब-से ब्याज़ ,
इतना तो अक्षर ज्ञान करले ।
काला अक्षर झील बराबर,

कब इस गहराई को नापोगे ।
निरक्षर बन पशुओं की भांति
ना पेट भरो ।
साक्षर बन इन सब
समस्या का निवारण करो ।
वक़्त नहीं तो रात्रशाला है
प्रौढ़ शिक्षा अभियान चलो ।
पढ़ना-लिखना बड़ा सरल है,
कब तक निरक्षर बन भटकोगे
इस आधुनिक युग की
साक्षरता ही जरूरत है।
इंटरनेट के इस युग में
कब तक चलते जाओगें ।
चमड़ी भी गिरवीं रख दी है
पगड़ी की भी शान गई ।
खेतो-खलियानों की तो
रात भईं अभ रात भईं ✍?
(विभा नागसेन अंबादे)

7. ?घमंड |?

समुंदर में फूलों को ,
बहते हुये देखा है।
लासो को किनारों से,
लिपटते हुये देखा है ।
इतना घमंड ना कर,
ए-इन्सा खुदपर ।
ठहर:-मैंने,
हर इन्सा को मिट्टी में,
दफ़न होते हुये देखा है।
(विभा नागसेन अंबादे)

8. ✍? पेड़ की कहानी।✍?

बहार है आई ,फूलों की,

पत्ता-पत्ता खिल गया,

इठलाते -बलखाते,पेड़ भी

सिंगार से शरमा गया ।

देखों मेरी सुंदरता, कितनी है अनमोल

देख मुझे सब प्रसन्न हो,बोले है मीठे बोल ।

फल भी देता,फूल भी देता,

देता हूं छाया भी,पर तु बड़ा निर्दय,

देता सिर्फ हतोड़ा हि ।

तूने मुझको काँट दिया, अब वो पेड़ कहा?

तेरे घर में अनाज पकायें, अब वैसी बारिश कहा?

तू दर-दर भटकेगा, अब पिने के पानी को,

कब समझेगा, तू पेड़ की कहाँनी को।

एक तू काॅटता, पाँच तो लगा दे,

तेरे पिने के पानी का ,घड़ा तो बना दे ।

मिट्टी का ना सही ,लकड़ी का ही बना ले,

उसे देख सीने में, कुछ आँग तो जलाले ।

मैं ही तो सींचता हू, तेरी ज़वानी को,

तेरे फेफड़ों में ऑक्सीजन जो भरता हूं।

अब तो समझ, मेरी जरूरत को,

जाकर एक पेड़ लगा, मुझकों भी इठलाने दे ।

श्रीमती विभा नागसेन अंबादे

साँझ हुई अब,तू भी सो जा,
मुझको भी सो ,जाने दे ।✍?
(विभा नागसेन अंबादे)

9.  माँ-बाप ।

10. ✍?सुन ये मित्र ।✍?

सुन ये मित्र, थोड़ा तो ठहर जा।
बचपन की यादों में,थोड़ा तो टहल जा।
लब्जों की ख़ामोशी को,यू अंजाम तो ना दे ,
तेरे मेहफ़िल में ,ख़ामोश ही सही,दोस्ती का आगाज़ तो,कर
दे।
भूल जाएंगे सारे,गिले- शिकवे,
एक बार दोस्त को,गले तो लगा दे।
तू भी लूटेरा नहीं, मैं भी, काफ़िर नहीं,
इस काफिरों के महफ़िल में, दिल को तो,बक्स दे।
राह गुज़र तू भी हैं, और मैं भी, मंजिल के लिये,
दिल से खेलना, तो छोड़ दें।
दिल तो टूटा हैं, सँभलना अब मुमकिन कहा?
टूटे दिल को थोड़ा, मलहम तो लगा दे ।
मैं आज भी वहीं हु,तेरे यादों के सहारे ,
एक बार आकर दोस्ती का ,ऐलान तो कर दे।
तू भी गरीब नहीं, मैं भी अमीर नहीं,पर
दोस्ती के आगें, फ़कीर हु मैं,
इतना तो बता दें।✍?
(विभा नागसेन अंबादे)

11.  भूली- बिसरी यादें

गुड़ीया संग खेल खेलूं,
खेलूँ मैं खिलौने संग ।
बचपन की यादों को,
खेलूँ मैं , ख़ुद के संग ।
खेलूँ मैं दोस्तों के संग,
या खेलूँ भोवरों के संग ।
आज कुछ भी नहीं हाथों में,
बस हु तेरी यादों के संग ।
खोल दी यादों की अलमारी ,
गुड़ीयाँ, खिलौने, भोवरों के अलावा कुछ भी नहीं ।
जी लू यादों के संग।
उस माँ की लोरी के संग ।
लोरी भी अब ,भूल गई,
भूली-बिसरी यादों के संग ।
कानों से अभ ,गिला नहीं,
आवाज़ो से गिला नहीं ,
कुछ दिन की मेहमाँ हू,
बचपन अभी गया नहीं ।
खेलूँ बस गुड़ीयों के संग,
खेलूँ अब बस,गुड़ीयों के संग।

श्रीमती विभा नागसेन अंबादे

(विभा नागसेन अंबादे)

12. ? नारी एक बलिदान ?

तेरी तो किस्मत ही फ़ूटी,
फिर भी मारी जाती ।
सतीप्रथा के नाम पर ,
जिंदा जलाई जाती ।
तुही तो सती,
तुही सतीप्रथा ।
उस युग से लेकर ,
इस युग तक तुही बलिदान हैं।
ये तो रित है समाज की,
कभी सजाई जाती,तो कभी रुलाई जाती ।
इज्जत के नाम पर,
गंगा में बहाई जाती।
तुझे दुर्गा भी कहते,
कहते सरस्वती भी ।
तेरे पैरो में शीश झुकाते,
पर सम्मान कहा है देते?
कब तू खुदको समझेगी,
तू भी तो जिंदा नारी हैं।
उठ,खुदको जगा, वर्ना
तेरी पिढी भी ,बुजदिल बन जायेगी।

सुन:-
अब तो तेरी बारी हैं,
काली बन संहार की ।
नारी के सम्मान की ,
मेरे बलिदान की।✍?
(विभा नागसेन अंबादे)

13.  जगहं ?

फ़ुरसत के दो,पल ढुँढ रही हूँ।

तेरे आशियाँनें मे, खुदकी जगहं ढुँढ रही हूँ।

कभी मिलना उस जगहं ,जहा तुमने छोड़ा था।

उस जगहं आसमान के,परिंदे उड़ा रही हूँ।

खुद को छु लिया मैंने, अब तेरी हसरत कहा?

मेरे आशियानें में,अब तेरी जरूरत कहा।

फ़ुरसत से सोचना, मैं नहीं तो घर कहा।

तेरे घर की रौनक़ कहा।

कब समझेगा साथ को,अर्धनारेस्वर की शक्ति को ।

मैं कोई अबला नहीं, तेरे घर की फूलदान नही।

(विभा नागसेन अंबादे)

14. ✍?वृद्धाश्रम।✍?

मैं निंद में थी
परदे के झूले में
झुल रही थी।
दूर से सिसकने की
आवाज आई
पास जाकर देखा तो
एक औरत रो रही थी।
मैंने धीरे से पूछा!
माजी:-आपके रोने की
वजह क्या है?
माजी:-
मैं तो किस्मत की मारी हू।
सबके लिये भारी हू।
बुढांपे के चलते
वृद्धाश्रम में पड़ी हु ।
मैंने कहा पती:-
वो तो चल बसे,
बच्चों के तिरस्कार को ,
यू सह ना सके,
मैं बस अर्थी सजाए बैठी हूँ ,
आखरी बारात निकाले बैठी हूँ ।
काश मैं भी मर जाती

चल जाती साथ-साथ ही
अब किसके साथ चलू
इस बुढ़ापे की लाठी से।
बच्चें कहा है:-
बच्चें तो खुश है
उनके जिंदगी में
बस हम ही बोझ थे
उनके आशियानें में ।
जब ओ बुखार से कपकपाता
हम रात-रात जगते।
जब वो रोता,
काँधेपे पूरा घर घुमाते।
आज ये हालात हैं देखों
मरने पर भी ,पल भर का
साथ नहीं।अर्थी को काँधे का
हाथ नहीं।
माजी मैं:-
तू भी तो किसीकी
बहु ,किसीकी माँ बनेगी
इस पल को याद रखना
ये पल ना फिर दोहराना
बेटी:-
जमाने को क्या कोसे,
जभ अपने को ही दर्द नही।
माती के इस शरीर का
आज कोई दाम नहीं।
वृद्धाश्रम:-

फिर भी मैं खुश हू
वृद्धाश्रम की आभारी हूँ
वर्ना यू ही मर जाती
कहि कूड़ेदान में ।
हमारी तो हो गई शाम है,
बस रात होना बाकी है।
जो दिन आज हमने देखें
वो उन्हें नशीब ना हो।
मेरे परदे का झुला
तूट गया।अब आँखों में बस
पानी है। अब आँखों में बस
पानी है ।☛?
(विभा नागसेन अंबादे)

15.  बचपन अभी गया नहीं ।?

मैं तो हूँ अब,नन्ही कली

डाल-डाल इतराती हूं।

इस-डाल से उस डाल,

तितली सी मंडराती हूं।

साँझ हुई अब

चलो खेलने ।

दोस्तों संग इठलाती हूं।

बचपन भी कितना प्यारा,

रोज-रोज याद करती हूं।

बचपन के पन्नों को खोल,

आज भी इटलाती हूं।

उमर तो गई ,अब खेल की,

फिर भी कमर हिलाती हूं।

बचपन के उन यादों को,

दोस्तों संग सुलझाती हूं।

यादों को छोड़कर

है भी क्या अब,मेरे पास ।

साँझ हुई अब ,चलो खेलने,

बच्चों के मुँ से सुनती हूं ।?

मेरे बचपन में अब ,तुम भी जी लो,

श्रीमती विभा नागसेन अंबादे

मेरा बचपन तो रूठ गया ।
यादों की तन्हाईयों में,
मुझको अकेला छोड़ गया।✍?
(विभा नागसेन अंबादे)

16. ✍?ए चाँद तेरी चाँदनी।✍?

✍?ए चाँद तेरी चाँदनी।✍?

ए चाँद ,तेरी चाँदनी को तुझसे छिन लू,

मुझमें इतनी जुरत कहाँ ।

तुझसे तेरा -अक्स-ऐ-रुख़ छिन लू,

मुझमें इतनी हिमाक़त कहाँ ।

तू ख़स्ता है, गुरूर-ए-इज्जओ-नाज़-में,

मैं तुझें तेरा अस्ल दिखाऊँ, मुझमें इतनी इबादत कहाँ ।

तू खुल्द का परिंदा,जमाल-ए-दिलफरोज,

मैं तुझे तेरा हुश्न बताऊँ ,मुझमें इतनी काबिलियत कहाँ ।

ग़म-ए-हस्ती, तुझको भी है और मुझको भी,

मैं तुझे तेरा ग़म सुनाऊँ,मुझमें इतनी ताक़त कहाँ ।

हल्के में तो तू भी है और मैं भी,

मैं तुझे तेरा दर्द सुनाऊँ, मुझमें इतनी गुस्ताख़ी कहाँ।

ताकते-बेदादे-इन्तजार है मुझमें, मैं तुझको भूल जाऊ,

मुझमें इतनी क़ाफिरियत कहाँ ।

(विभा नागसेन अंबादे)

17. लेखकों की जानकारी

नाम-श्रीमती विभा नागसेन अंबादे

पत्ता-ओम साईं पार्क अपार्टमेंट, बी विंग,फ्लैट नम्बर 104,

नांदिवली, कल्याण(पूर्व),जिला-ठाणे, महाराष्ट्र

शिक्षण-बी.ए. बी. एड., एम. एड.(शिक्षण)

मोबाईल नंबर-9137755379

Ywg.official

Young Writers Group (YWG.OFFICIAL) is an organisation which is working to help writers in showcasing their work in front of vast number of readers . We offers a budget friendly packages to our writers. We are working as a writer's helping society. You can have a talk with us regarding publishing your book on our instagram :@YWG.OFFICIAL
Or you can drop your mail on ywg.co.in@gmail.com
Else you can also contact us on following numbers
Akash: 7404390981
Aashika: 9634644516